Marion Jerschowa / Peter Kraft

WILDSCHWEIN GEHABT

em

Marion Jerschowa / Peter Kraft

Wildschwein gehabt

Eine Fabel

Mit Illustrationen von Sigrid Huemer

Verlag Easy-Media Linz

Mit Dank an die Stadt Linz
für die gewährte Druckkostenförderung

ISBN 978-3-902773-20-3

Illustrationen: Sigrid Huemer
Gesamtherstellung: Easy-Media Druck & Verlag, A-4020 Linz.
www.easy-media.at

Tierisches und Menschliches

Es war einmal … Nein, so beginnen nur die Märchen der Vergangenheit. Dies hier aber ist eine Geschichte aus unseren Tagen. Sie enthält zwar auch nicht die reine Wahrheit, kommt ihr aber ziemlich nahe.

Von Wildschweinen nämlich soll erzählt werden, die heute unsere Wälder in großer Zahl durchstreifen und bereits zu einer Landplage geworden sind. So jedenfalls sehen es die Menschen, die sich von ihnen bedroht fühlen. Wunder ist es keines, denn die Tiere werden immer frecher, sie dringen bereits bis in die großen Städte vor. Aus der deutschen Hauptstadt wird zum Beispiel berichtet, dass sie sich nicht nur in Parks und Gärten herumtreiben, sondern sogar in Freibädern, wo sie inmitten der Badegäste in den Papierkörben stöbern.

Genau betrachtet sind die Menschen ja selbst schuld an dieser Situation. Sie haben mit unüberlegten Abschüssen die Schwarzkittel – wie sie in der Jägersprache genannt werden – soweit gebracht, dass sie sich umso stärker vermehren. Überdies sind achtlos weggeworfene Lebensmittel geradezu eine Einladung an diese Tiere. Dazu kommt ihr nach und nach kleiner werdender Lebensraum; Wälder werden abgeholzt, Sümpfe trockengelegt, Treibjagden veranstaltet.

Aber es handelt sich schließlich um sehr kluge Tiere, die stets eine Lösung finden. Manche von ihnen könnte man sogar als „übergescheit" bezeichnen.

Und von solchen handelt die folgende Geschichte …

Jaromir und Eberhard

Da ist zum einen der Jaromir. Er lebte jenseits der Grenzen unseres Landes, in einem Gebiet, in dem noch fast alles nach dem Willen der Tiere ging. Menschen hatten darin eher wenig zu sagen. Alles vollzog sich hier noch vorwiegend nach den Gesetzen der Natur, und die war im Überfluss vorhanden – dichte Wälder, ausgedehnte Sümpfe, reichliches Nahrungsangebot. Die Wildschweine brauchten ihre Rüssel nur in die weiche Erde zu stecken, um an die besten Happen heranzukommen – Würmer, Schnecken und Larven. Zum Nachtisch weideten sie die Lichtungen ab, auf denen hohe, schmackhafte Gräser wuchsen. Waren sie satt, dann suhlten sie sich in den schlammigen Feuchtwiesen, was eine ihrer Lieblingsbeschäftigungen war.

Trotzdem war es kein unbeschwertes Dasein, denn nach den Gesetzen der Natur hat jedes Lebewesen seine Feinde. Auch die Wildschweine hatten solche: Raubkatzen zum Beispiel, oder Bären. Sie waren daher stets auf der Hut und beim geringsten Anzeichen einer Gefahr auf der Flucht. Ihre besondere Aufmerksamkeit galt dem Nachwuchs, den die Bachen – so bezeichnet man die weiblichen Wildschweine – gemeinsam pflegten. Wenn die Zeit des Kinderkriegens gekommen war, was normalerweise in der kalten Jahreszeit geschah, bauten sie sich aus Laub und Unterholz warme Nester, ähnlich einem Kessel, um sich in Ruhe auf das Ereignis vorzubereiten. Währenddessen hielten ihre Männer draußen Wache.

Dieser Jaromir also war der mächtigste Keiler weit und breit. Kein Wunder, denn mit seinem extralangen, extrastarken Rüssel konnte er auch den härtesten Boden aufbrechen und sich die besten Leckerbissen herausholen. Sein borstiger Panzer war so hart, dass ihn auch ein Säbelzahntiger der Vorzeit nicht hätte knacken können. Sein Schnauben erfüllte weithin den Wald und ließ seine Artgenossen augenblicklich die Flucht ergreifen, denn seine scharfen Eckzähne, die wie Krummsäbel aus seinem Maul ragten, waren gefürchtet. Wer die in die Flanken bekam, der vergaß das sein Leben lang nicht. Er hatte aber auch die meisten Kinder, inzwischen allesamt gesunde, kräftige Kerle, die längst ihre eigenen Wege gingen. Nur vor dem weiblichen Geschlecht zeigte er einigen Respekt. Wenn er den Bachen unerlaubt zu nahe kam, konnte es sein, dass er böse Tritte abbekam.

Das kam allerdings nur selten vor. Er wusste nämlich, was sich gehört. Die Bachen blieben gern unter sich und bildeten mit ihren Frischlingen eine männerlose Rotte. So trieb er sich die meiste Zeit des Jahres allein herum, immer seinem feinen Gespür nach, das ihm die Richtung vorgab, und als Herr über ein Reich, dessen Grenzen er selbst bestimmte. Dann aber geschah etwas, das sein Leben von Grund auf ändern sollte. Doch davon später.

Erst wollen wir Eberhard vorstellen, den zweiten Helden unserer Geschichte. Auch er war ein stattliches Mannsbild, wenn auch eines der sanfteren Art. Das lag daran, dass er weit weg in Gefangenschaft aufgewachsen war, in einer von Menschen dicht besiedelten Gegend. Seine Vorfahren waren vor langer Zeit hier eingewandert. Sie hatten sich so stark vermehrt, dass sie von den Menschen schon als Landplage angesehen worden waren. Sie wurden in großer Zahl abgeschossen, manche aber in Gehege gesperrt, um sie bei Bedarf zu schlachten. Das waren kleinere umzäunte Waldstücke, wo sie keinen Schaden anrichten konnten. Keine sehr verlockende Perspektive für ein Wildschwein. Doch die Tiere konnten das nicht wissen, und das war gut so. Sie lebten in den Tag hinein und ge-

Wenn die Zeit des Kinderkriegens kommt, bauen sie sich aus Laub und Unterholz ein Nest ähnlich einem Kessel.

nossen die Vorteile ihrer Gefangenschaft. Die waren nicht zu verachten, denn die Menschen sorgten in vorbildlicher Weise für sie. Die Tiere bekamen regelmäßig ihr Futter, wurden gesundgepflegt, wenn sie krank waren und durften sich nach Lust und Laune im Gehege herumtreiben. Hier waren sie auch vor Jägern sicher, die draußen im Wald manchmal herumballerten. Im Winter verkrochen sich die Bachen in einem eigens für sie eingerichteten Unterstand, um ihre Jungen zur Welt zu bringen. Darin war es wärmer als in den Nestern, die sie sich nach alter Gewohnheit in der freien Natur schaffen mussten.

Die alten Gewohnheiten aber, die legt ein Wildschwein auch in Gefangenschaft nicht ganz ab. Dazu gehören die regelmäßigen Kämpfe zur Herstellung einer bestimmten Rangordnung in der Rotte. Auch unser Eberhard, obwohl von Natur aus nicht unbedingt ein Rambotyp, hatte dabei oft kräftig ausgeteilt, sich unter den Kontrahenten in der Rotte aber weniger durch brutale Hiebe als durch Schläue Respekt verschafft. Niemand wusste die Gegner besser auszutricksen als er – ob im Zweikampf oder an der Futterkrippe. Nur den Damen ließ er dort den Vortritt.

Mit dem weiblichen Geschlecht plagten ihn aber ähnliche Probleme wie Jaromir. Die Bachen beachteten ihn kaum. Und außerdem wussten die ohnehin immer alles besser.

Erika

Nicht einmal die von ihm so geschätzte Leitbache Erika ließ sich zu einem gemeinsamen Spaziergang überreden.

„Wie stellst du dir das vor?", fuhr sie ihn an. „Siehst du nicht, wie beschäftigt ich bin? Ihr Keiler habt ja keine Ahnung, was es heißt, eine so undisziplinierte Kinderschar wie die meine zu versorgen!"

„Wie sollen wir auch, wenn ihr uns nicht an sie heranlasst", entgegnete Eberhard. „Wir können sie zwar nicht säugen, aber wir können ihnen zumindest allerhand Nützliches beibringen."

„Das wäre noch schöner! Ihr Grobiane verschreckt sie doch nur mit eurem Imponiergehabe. Nein, nein, kümmere dich lieber um deine Sachen und lass mich in Frieden."

Trotzdem hörte er nicht auf, sie zu mögen. Wenn er sich in Geduld übte, dachte er, würde sie ihn eines Tages vielleicht doch erhören. So trottete er eben ohne sie tagein tagaus die stets gleichen Wege, durchs Brombeergebüsch den Hang hinauf, auf der anderen Seite zum Bach hinunter, wo es eine Suhle gab, in der er sein Gesundheitsbad nehmen konnte, und dann wieder den Zaun entlang. Dabei kamen ihm gar wunderliche Gedanken.

Das Denken hatte er wohl bei den Menschen gelernt. Er hatte sich ihr Verhalten genau eingeprägt und begonnen, gewisse Vermutungen anzustellen. Sie kümmerten sich um ihn und die seinen, das ja, aber es sah so aus, als täten sie es zu einem ganz bestimmten Zweck. Von Zeit zu Zeit fingen sie einige von ihnen ein und brachten sie weg. Sogar Frischlinge waren darunter. Die Tiere brüllten wie am Spieß, schlugen mit ihren Hauern und Hufen um sich, doch es half ihnen nichts. Sie wurden gefesselt und davongeschleift. Was das bedeutete, konnte sich Eberhard nicht vorstellen, auf jeden Fall nichts Gutes. Ihn hatten die Männer noch nicht angerührt, auch Erika nicht. Aber jedes Mal, wenn sie das Gehege betraten, klopfte ihm das Herz bis zum Hals und er sprengte davon. Oft fragte er sich, was das wohl für eine Welt hinter dem Gitterzaun sei. Frische Düfte wehten ihn von dort an, erzählten ihm von aufregenden Dingen, von Wildnis und Weite und freier Bahn nach allen Richtungen. Eine unbändige Lust erfasste ihn in diesen Momenten, er sträubte, mit den Hufen aufstampfend, die Borsten und stieß triumphierende Grunzlaute aus. Wie juckte es ihn in den Beinen, sich diesen Düften entgegenzuwerfen! Aber da war dieser Zaun, dieser verdammte, widerliche Zaun.

Er hatte es längst aufgegeben, sich den Schädel daran blutig zu schlagen, es half ja doch nichts. Die harten Stäbe wichen nicht von der Stelle. Trotzdem hörte er nicht auf, sich den Kopf zu zerbrechen, wie er sie überlisten könnte. Ob er nicht doch Erika fragen sollte? Sie war sehr praktisch veranlagt und galt in der Rotte als äußerst erfindungsreich. Zumindest wäre das eine Gelegenheit, mit ihr ins Gespräch zu kommen. Nur, wie nähert man sich einer so vielbeschäftigten Schweinedame, die andere Sorgen hat? Acht quiekende Kinderchen wollten ständig von ihr gesäugt, geputzt und zur Ordnung gerufen werden. Und wenn die schliefen, tratschte sie lieber mit ihren Schwestern.

Lieber nicht, beschloss er. Diese Weiber machen sich doch nur lustig über dich, wenn sich herumspricht, was du vor hast. Nicht genug damit, dass er nur an sich denkt, werden sie sagen, während wir uns abrackern, will er auch noch ausreißen, der Nichtsnutz. Na, soll er's nur probieren, ha ha ha …

Über diesen trüben Gedanken bemerkte er nicht, wie die Dinge wirklich standen. Es war nämlich so, dass Erika selbst von der Freiheit träumte und mit ihren Gefährtinnen einen Fluchtplan ausgeheckt hatte. Sie warteten nur ab, bis ihre Jungen groß genug waren, ihnen zu folgen. Ende des Sommers war es so weit. Eines Nachts (Wildschweine sind nämlich Nachtschwärmer) traf Eberhard die ganze Rotte am Zaun an. Aufgeregt schnüffelten sie an den Stäben herum, und Erika hieb mit ihrer Nase gegen den Boden darunter.

Er begriff augenblicklich, was sie vorhatte. Die Erde wollte sie aufbrechen, einen Tunnel unter dem Zaun durchgraben. Das hätte ihm eigentlich auch einfallen können. Aber wenigstens hatte er nun eine Gelegenheit, seine körperliche Überlegenheit unter Beweis zu stellen und dazu auch noch ein gutes Werk zu tun. Diese Aktion war doch nichts für das schwache Geschlecht.

Mit einem tiefen Grunzlaut verschaffte er sich Gehör: „Lasst mich nur machen!" Er gab der Dame einen kräftigen Rempler, dass sie erschreckt zur Seite wich und rammte seinen Rüssel in die festgestampfte Erde. Er tat dies so lange, bis sie nachgab. Staunend beobachteten die Bachen und Keiler, wie die Brocken spritzten, und mit welcher Verbissenheit Eberhard die Sache vorantrieb. Erst lockerte er den Boden, dann arbeitete er sich in die Tiefe vor, immer weiter, schließlich verschwand er darin. Kurz darauf tauchte sein Kopf jenseits des Gitters wieder auf.

„Los, kommt!", trompetete er, und stürmte, ohne noch einmal zurückzublicken, vorwärts, hinaus in eine Nacht, die ihm das Glück dieser Welt versprach.

Die Katastrophe

Etwa zur selben Zeit braute sich über dem Land im Osten, in dem Jaromir lebte, ein Unglück zusammen. Den ganzen Sommer über war kein Tropfen Regen vom Himmel gefallen. Quellen versiegten, Gräser sanken kraftlos in sich zusammen, auf den Bäumen welkte das Laub lange vor der Zeit. Die Hitze war unerträglich, die Erde eine spröde, unnachgiebige Kruste. Alles Leben kam unter der Hitzeglocke zum Stillstand. Vergeblich suchte Jaromir nach einer Suhle, um seinen von Ungeziefer befallenen Panzer mit kühlendem Schlamm zu bedecken. Er musste froh sein, wenn er hin und wieder einen trüben Tümpel fand, in dem er seinen Durst stillen konnte. Aber das Schlimmste sollte erst kommen.

Eines Tages, er war eben dabei, eine kleine Waldschlucht zu erkunden, aus welcher ihm ein frischer Lufthauch entgegenwehte, stieg ihm beißender Geruch in die Nase. Er hob den Kopf, nahm Witterung auf. Noch ehe er die Richtung feststellen konnte, vernahm er auch schon ein Krachen und Splittern, das sich gleich darauf zu einem gewaltigen Getöse steigerte. Ihm war, als sprengte eine Horde fauchender Bestien auf ihn zu. Er überlegte nicht lange und galoppierte blindlings drauflos, erst den Graben entlang, und als dieser ihm keine Deckung mehr bot, warf er sich dem glühenden Luftstrom entgegen, der auf ihn zuraste. Dann sah er, wenn überhaupt noch etwas, nur mehr rot. Feuerrot.

Es war die Hölle. Im Zickzack raste er zwischen explodierenden Bäumen umher, funkensprühenden Ungeheuern, die mit feurigen Zangen nach ihm schnappten. Flammen schossen aus dem Boden hervor, stickige Dämpfe nahmen ihm den Atem. Angst? Nein, nur Zorn. Mit gesenktem Kopf ging er auf die Ungeheuer los, stieß sie

Mit letzter Kraftanstrengung gelang es ihm, die Feuerwalze hinter sich zu lassen.

zur Seite, trampelte nieder, was sich ihm in den Weg stellte. Es war ein schier aussichtsloser Kampf, doch sein Überlebenswille siegte. Mit einer letzten Kraftanstrengung gelang es ihm, die Feuerwalze hinter sich zu lassen. Es geschah so plötzlich, dass er wie betäubt dastand und ins Leere starrte. Mit einem seligen Seufzer plumpste er schließlich, alle viere von sich streckend, seitwärts ins Gras, wo er augenblicklich in einen tiefen, traumlosen Schlaf fiel.

Wie lange er schlief, wer kann das sagen? Es mochten Stunden sein, vielleicht sogar Tage. Für Tiere hat Zeit ohnehin keine Bedeutung. Er erwachte von einem brennenden Gefühl in der Kehle. Seine Zunge klebte am Gaumen. Alles in ihm klebte und schrie nach Wasser. Ächzend rappelte er sich hoch, seine Nasenlöcher gegen den Wind richtend. Der aber hatte ihm nichts anderes zu bieten als den Gestank von Asche und verkohltem Holz. Oder? Er neigte den Kopf wie horchend zur Seite und schnupperte. Da war doch auch was anderes dabei, ein frisches Lüftchen, genauer gesagt, der Hauch von einem Lüftchen, es meldete ihm … was nur, was?

Er tat ein paar Schritte, verharrte, schnüffelte noch einmal, dann legte er los, schnurgerade in die Richtung, aus welcher das Lüftchen kam, trab, trab, trab, quer durch ein verdorrtes Kukuruzfeld, dann über offenes Land direkt auf eine Buschreihe zu. Und da war es endlich, das ersehnte Nass, ein dürftiges Rinnsal zwar, das einmal ein Bach gewesen war, aber immerhin. Gierig schlürfte er das abgestandene Wasser in sich hinein, solange bis er nicht mehr konnte und sich schließlich gänzlich hineinfallen ließ. Wie tat das gut!

Jadwiga

Ein paar Tage lang hielt er sich an dieser Wasserstelle auf. In der Umgebung fand er sogar noch ein wenig Nahrung. Das war nur deshalb möglich, weil er ein Allesfresser war, den es auch nicht vor aasigem Zeug grauste, wie toten Mäusen und Fröschen oder vertrockneten Grillen.

Am dritten Tag, als er gerade im nahen Gebüsch ruhte, spürte er plötzlich, wie ihn jemand vorsichtig anstubste. Sofort war er auf den Beinen. Doch wer stand vor ihm und schniefte ihn erfreut an? Jadwiga, die alte Freundin!

Sie hatte ihm irgendwann einmal ein ganzes Dutzend temperamentvoller Frischlinge geschenkt. Diese waren nicht nur temperamentvoll, sondern auch besonders hübsch anzusehen gewesen in ihren originell gemusterten Fellmäntelchen. Weiß Gott, woher sie diese Zeichnung herhatten, denn normalerweise sind Frischlinge nur mit braunweißen Streifen gekennzeichnet. Jaromir war sehr stolz auf diesen Nachwuchs, doch die überängstliche Jadwiga verstand es, sie streng abzuschirmen. Eine Zeit lang hatte er das Heranwachsen der Kleinen noch aus der Entfernung beobachten können, sie schließlich aber aus den Augen verloren.

Nun stand sie also leibhaftig vor ihm. Am liebsten wäre er ihr vor Freude um den Hals gefallen, doch sein Stolz verbat es ihm. So beroch er sie nur vorsichtig. Sie ließ es tatsächlich geschehen. Dann trat er einen Schritt zurück, um sie zu betrachten. Doch wie sah sie aus? Die Haarbüschel um die Augen versengt, der Leib mit einem Panzer aus Asche und Staub bedeckt, aus dem ein paar abgebrochene Borsten ragten. Und wie mager sie geworden war!

Aber wahrscheinlich sehe ich auch nicht besser aus, schoss es ihm durch den Kopf. Trotzdem bemühte er sich, Haltung zu bewahren. Er stemmte seine zerschundenen Beine in den Boden und fragte: „Wie kommst du denn hierher?“

„Dasselbe könnte ich dich fragen“, antwortete sie. „Ich hatte gerade eine Stelle mit guten Eicheln und Bucheckern aufgespürt, an denen ich mich endlich sattfressen konnte, da hörte ich plötzlich ein unheimliches Getrampel – und schon kamen sie daher, alle wild durcheinander, die Elche und die Wölfe und die Rehe und die Hasen und wie sie alle heißen. Ich begriff, etwas Schreckliches war geschehen, und so rannte ich einfach mit. Ich rannte mitten in eine schwarze Wolke hinein. An mehr kann ich mich nicht erinnern, außer, dass ich plötzlich allein dastand und mich nicht mehr auskannte. Mein Orientierungssinn war weg. Es war, als hätte mir jemand den Boden unter den Hufen weggezogen – die Erde war schwarz, die Bäume waren schwarz, kein fressbares Hälmchen gab es mehr, nur einen bestialischen Gestank … Ich wollte mich schon zum Sterben hinlegen, aber dann sagte meine Nase zu mir: Halt, warte, da ist doch noch etwas anderes in der Luft, so wie früher, als wär’s der Jaromir. Wo der ist, da ist die Rettung … Du weißt gar nicht, wie schnell ich auf den Beinen war. Kurzum, ich folgte deiner Duftspur. Aber jetzt brauche ich dringend was zu trinken …“

Jaromir fühlte sich geschmeichelt. Solche Komplimente hatte er sich von der stolzen Bache nicht erwartet. „Warte einen Augenblick“, rief er ihr nach. „Was ist denn aus den süßen Kleinen geworden?“

Jadwiga blickte bekümmert zu Boden. „Ich weiß es nicht“, antwortete sie. „Sie waren einige Zeit hinter mir, aber als ich mich einmal umsah, waren sie nicht mehr da. Wieso fragst du überhaupt? Sie haben dich doch nie interessiert.“ Damit wandte sie sich ab und stieg schwerfällig zum Bach hinunter.

Während sie dort herumplatschte, zerbrach sich Jaromir den Kopf. Es war freilich gut, dass er eine Gefährtin gefunden hatte, aber wie sollte es weitergehen? Sie konnten nicht hier bleiben. Es gab rein gar nichts mehr zu fressen. Er hatte die ganze Umgebung bereits abgeschnüffelt. Sie mussten sich auf Wanderschaft begeben, mussten neue Futterkammern erschließen, wenn sie nicht verhungern wollten. Aber wo waren die zu finden? Und was war aus dem Schlemmerland geworden, seinem Reich, seinen Rivalen, seinen Kumpanen? Nein, er dachte nicht an das, was hinter ihm lag, er dachte daran, was er vor sich sah – ein fremdes, ödes, von unbekannten Feinden bewohntes Land. Aber wenigstens war er nicht mehr allein, das war ein gutes Gefühl.

Wo blieb sie nur so lange? Er sah zum Bach hinüber und war beruhigt, als er sie dort schnauben hörte. Endlich kam sie an, mit schwabbelndem Bauch, an den triefenden Flanken haftete fauliges Laub. Sie drückte ihren Rüssel gegen seinen Nacken und fragte treuherzig: „Wohin soll es denn gehen?“

Sieh mal an, dachte er bei sich, die stolze Leitbache überlässt mir das Kommando … Er reckte seine Brust, drehte den Kopf nach hierhin und nach dorthin, als hielte er Ausschau nach einem Wegweiser, dann sagte er entschlossen: „Du wirst schon sehen! Los, komm!“

Es war später Nachmittag, als sie sich auf die Wanderschaft machten. Im Gleichschritt trabten sie dahin, der sinkenden Sonne nach, während ihre Schatten länger und länger wurden, bis sie schließlich mit den Farben der fremden Erde verschwammen.

Am Grossen Grauen Strom

Die unbekannten Feinde, das waren natürlich die Menschen. Sie lebten dort, wo die Sonne eben unterging, im Westen also. Wie ich schon eingangs sagte, sind diese im Allgemeinen nicht sehr nett zu den Wildschweinen. Sie betrachten sie als Eindringlinge, obwohl es eigentlich genau umgekehrt war, weil die Wildschweine, wie die Tiere überhaupt, doch schon lange vorher da waren. Sie sind sozusagen die Ureinwohner der zivilisierten Welt. Dennoch haben sie keine Rechte, sondern sind dazu verurteilt, sich den Menschen zu unterwerfen. Wollen sie in Freiheit leben, so müssen sie schlau sein. Schlauer als der Mensch.

Wildschweine sind, wie man weiß, sehr intelligent. Ihr Spürsinn ist unübertroffen. Jaromir und Jadwiga lernten schnell, sich in der neuen Umgebung zurechtzufinden. Zuhilfe kam ihnen dabei der lang entbehrte Regen. Die Wiesen grünten, die Bäche sprudelten und das Gewürm im Boden wurde zur leichten Beute. Endlich konnten sie sich wieder den Bauch vollschlagen. Immer weiter wagten sie sich ins Unbekannte vor, sie merkten gar nicht, wie die Wälder schütter wurden und Äcker, Weideflächen und menschliche Behausungen an ihre Stelle traten. Es gab ja soviel zu entdecken, vom Blumenbeet bis zum bäuerlichen Misthaufen. Bald gewöhnten sie sich auch an die steinharten Schneisen, auf denen dröhnende, übelriechende Monster vorbeisausten. Diese stellten aber kein Hindernis auf ihrer Reise durchs Schlaraffenland dar. Auch Schüsse konnten sie nicht abschrecken. Unverdrossen fraßen sie sich weiter. Ein Höhepunkt auf ihrer Schlemmerreise waren wohl die Weinberge, auf die sie weiter südlich stießen. Sie konnten gar nicht genug kriegen von den süßen, überreifen Trauben, und sie wären bestimmt nicht mehr weggegangen von dort, wenn Jadwiga nicht solchen Durchfall bekommen und der Jaromir nicht so dumme Sachen gemacht hätte. Er torkelte herum und grunzte zusammenhanglos, weil er einmal zu tief in das Schaff mit der Meische geschaut hatte, das beim Winzer im Hof gestanden war. Weiter ging es also, immer den Spuren der Menschen nach. Auf diese Weise gelangten sie schließlich in das Städtchen am Großen Grauen Strom.

Was lag da nicht alles an Weggeworfenem herum – die reinsten Leckerbissen! Mit Wonne machten sie sich auch über die Abfalltonnen her. Die brauchten sie nur umzuwerfen, und schon konnten sie sich die besten Happen aussuchen. Eine Weile ging das gut. Jaromir und Jadwiga wussten mittlerweile, dass ihnen die Menschen inmitten ihrer Wohngebiete nicht gefährlich werden konnten. Dennoch wäre es ihnen beinahe an den Kragen gegangen.

Sie hatten gerade im weichen Boden eines Parks nach Würmern gegraben und nicht bemerkt, wie sich von allen Seiten Männer an sie heranschlichen. Als sie aufblickten, war es zu spät. Jaromir hatte bereits eine Schlinge um den Hals, eine zweite flog in Richtung Jadwiga durch die Luft, verfehlte sie aber knapp. Das brachte Jaromir so in Rage, dass er auf seinen Fänger losstürmte und ihn dabei zu Boden riss. Mit dem Seil um den Hals stürmte er davon, Jadwiga ihm nach. Sie rannten auf Autos zu und Menschen. Quietschende Bremsen, wildes Gehupe, Geschrei. Sie hörten es nicht. Sie hatten nur eines im Sinn: Fort von hier!

Die Stadt – ein Wald. Die Bäume – aus Stein. Die Menschen – eine Meute zweibeiniger Tiere, schlimmer als Bären. Ihre Rettung war schließlich ein Bahndamm. Hopp, hinauf, die Gleise entlang, bis nur noch Natur um sie war. Stille. Wohlgeruch. Erde. Gute, feuchte,

Nahrung verheißende Erde. Nachdem sie sich ordentlich gesättigt und auf ihre Art gereinigt hatten, setzten sie ihre Wanderung fort, wie immer ihren Nasen nach. Und was meldeten ihnen die eines Tages? Aufgeregt schnüffelten sie, nahmen Witterung auf. Diesen Duft kannten sie doch! Nein, es bestand kein Zweifel, er stammte eindeutig von Artgenossen. Mit anderen Worten, sie hatten die Witterung von Eberhards Rotte aufgenommen. Ferner Lärm hielt sie jedoch davon ab, sich an deren Fersen, pardon, Hufe zu heften. Sie wussten inzwischen, was das bedeutete: Gefahr!

Eilig machten sie kehrt und liefen geradewegs auf ein reißendes Wasser zu, das ihnen seinen kühlen Atem entgegenschickte. Ohne auch nur eine Sekunde zu zögern tauchten sie ein.

In der Rebau

Was aber war mit Eberhard und den seinen geschehen? Bevor wir uns ihrem Schicksal zuwenden, sei es erlaubt, ein paar Worte über das Land zu verlieren, in dem sie sich herumtrieben.

Da war vor allem der Große Graue Strom, der es beherrschte. Auf vielen Kilometern schlängelte er sich dahin, einmal ungeduldig zwischen Steilufern dahinschießend, dann wieder träge im Flachen verweilend, oftmals auch breit wie ein See, wenn eine Staumauer seinen Lauf behinderte. Von der schönsten Seite aber zeigte er sich im mittleren Abschnitt, der Rebau. Hier wechselten schroffe Felswände mit lieblichen Weinbaugebieten, hübsche kleine Städtchen mit menschenleeren Wäldern, aus denen oftmals die Überreste mittelalterlicher Burgen ragten. Kein Wunder, dass der Tourismus florierte. Im Sommer ging es dementsprechend zu. Die Fremden kamen per Auto, Schiff oder Fahrrad. Hoteliers und Winzer machten gute Geschäfte, die Parkplätze an der Uferstraße waren ständig überfüllt.

In dieser gesegneten Landschaft lag jenes Gehege, das nun verlassen dastand. Es gehörte einem reichen Gasthausbesitzer und war für ihn bis zuletzt eine zusätzliche Einnahmequelle gewesen. Nicht nur des billigen Bratenfleisches wegen. Die Wildschweine hatten ihm auch in der toten Saison stets ein volles Haus garantiert. „Zum Schwarzkittel" hatte er es deshalb genannt. Viele Leute kamen aus bloßer Neugier, vor allem Familien mit Kindern. Die wollten gar nicht mehr vom Zaun weggehen, trotz des bestialischen Gestankes. Sie versuchten den Tieren die Reste ihres Mittagsessens durch die Gitterstäbe zuzustecken, was der Wirt natürlich gar nicht gern sah. Und wie freuten sie sich, wenn sie auch ein paar Frischlinge zu

Gesicht bekamen! Sie konnten nicht wissen, dass aus diesen süßen kleinen Kerlchen in kürzester Zeit so schmutzstarrende Kolosse würden wie deren Mütter. Und dass sie alle mit der Zeit im Bratrohr des Wirtes oder in irgendeinem Fleischerladen landen würden, verschwiegen die Erwachsenen ihren Kindern wohlweislich.

Das war bis vor Kurzem noch so. Jetzt aber herrschte, wie gesagt, gähnende Leere hinter dem Gitter. Der Wirt konnte es noch immer nicht fassen, dass ihm die Tiere entkommen waren. Das Gatter war fest verschlossen gewesen, der Zaun unbeschädigt. Er trommelte rasch die Forstleute zusammen. Gemeinsam durchkämmten sie das ganze Gelände – nichts. Erst das Loch, welches sie schließlich unter dem Zaun entdeckten, machte ihnen die Sache klar. Kopfschüttelnd standen sie davor und berieten, was zu tun sei.

„Weit können sie nicht sein", bemerkte einer. „Sie müssen sich irgendwo in der Nähe versteckt haben. Die Jäger sollen sie mit ihren Hunden zusammentreiben, damit wir sie wieder einfangen können!"
„Ach was", meinte ein anderer, „wir schießen die Biester lieber gleich ab, das ist einfacher!"
„Lieber nicht, das geht erst während der Jagdsaison. Außerdem sind jetzt die Pilzsammler unterwegs, womöglich läuft uns da einer unversehens vor die Flinte …"

Bevor sie aber etwas unternehmen konnten, mussten sie überhaupt wissen, wo die Tiere steckten. Da und dort stieß man tatsächlich auf Spuren, aber nicht mehr. Das war sehr ärgerlich, denn im Laufe der Zeit wurde der Schaden immer größer. Hier hatten sie ein eben aufgeforstetes Waldstück zertrampelt, dort in einem Weingarten die Rebstöcke umgerissen. Autofahrer berichteten von Beinahezusammenstößen, Bauern von unliebsamen Begegnungen

Der Wirt konnte es noch immer nicht fassen, dass ihm die Tiere entkommen waren.

vor der Haustüre. Mit anderen Worten, die Sorge wuchs, dass sich die Tiere zu einer Landplage entwickeln konnten.

Also Ärger auf allen Linien – besonders aber für den Wirt. Es endete damit, dass er eine saftige Geldstrafe aufgebrummt bekam und das Gehege auf Anordnung der Behörden schließen musste. Von da an schwor er den Wildschweinen Rache.

Trügerische Ruhe

Wenn man von dieser Geschichte absah, war es für die Rebau ein gutes Jahr gewesen. Sie war von der Dürre, welche den Osten und den Norden des Landes heimgesucht hatte, verschont geblieben. Im Sommer hatte es gerade so viel geregnet, dass die Obst- und Gemüseernte gesichert war und der Wasserstand des Großen Grauen Stromes nicht unter die für die Schifffahrt erforderliche Marke fiel, der Tourismus also nicht gelitten hatte. Die Beherbergungsbetriebe waren voll ausgelastet gewesen. Erst Anfang Oktober war der Ansturm der Gäste abgeflaut.

Es wurde still am Strom, so still, dass man meinte, die Fische in der Tiefe reden zu hören. Oder waren es gar die totgesagten Wassergeister? Kein Motorengeräusch, keine Musik, kein ausgelassenes Gejohle, die unvermeidlichen Begleiter des Fremdenverkehrs, nur das Schlagen der Wellen. Die Zeit des Blätterfalls war gekommen. In allen Farben erstrahlten die Wälder diesseits und jenseits des Stromes, von Gelb bis flammend Rot, und wenn sich die Morgennebel hoben, war der Himmel von einer durchsichtigen, zerbrechlich wirkenden Bläue.

Ausflugsschiffe verkehrten keine mehr, wohl aber Lastkähne jeder Art und, nicht zu vergessen, die kleine Fähre, welche die beiden Ufer bei der Ortschaft Freifurt miteinander verband. Gerade vier Autos hatten darauf Platz. Sie ersparte den Leuten den kilometerweiten Umweg über eine stromaufwärts gelegene Brücke. Unverdrossen pendelte das Schifflein hin und her, und das würde es auch den ganzen Winter über tun, soferne der Fluss nicht zufror. Die Bewohner von Freifurt atmeten erleichtert auf. Endlich gehörte die Rebau wieder ihnen. So willkommen ihnen die Fremden auch waren, so waren sie doch froh, wenn sie wieder weg waren. Viel Arbeit war in Haus, Hof und Weingarten liegengeblieben. Man konnte sich außerdem der eigenen Familie widmen. Nachbarn und Freunde rückten einander wieder näher.

Doch die Stille, die man sich erhoffte, war von kurzer Dauer. Von einem Tag auf den anderen wurden die Wälder rund um Freifurt zum Jagdgebiet erklärt. Hundegebell ertönte. Schüsse knallten. Jäger und Treiber brausten mit ihren Geländewagen umher. Und der Gastwirt, der vom „Schwarzkittel", ging mit wichtiger Miene herum und posaunte, dass schon soundsoviele der Ausreißer zur Strecke gebracht worden seien.

Gar nichts war zur Strecke gebracht, nicht eine einzige Sau. Der Wirt schäumte, trieb die Männer weiter an, versprach ihnen hohe Prämien. Es half nichts. Eberhard und die seinen hatten ihre Aktivitäten in die Nacht verlegt. Es war ihnen einfach nicht beizukommen. Zuletzt waren sie in den Kartoffeläckern oberhalb von Freifurt gesehen worden.

„Das ist doch lächerlich", schimpfte der Wirt. „Wozu gibt es Nachtsichtgeräte? Tut endlich was!"

Die Jäger jedoch widersprachen: „Das ist verboten, dafür wird man bestraft!"

„Dann bildet eine Kette und treibt sie zum Fluss hinunter, dort könnt ihr sie leicht abknallen …!"

Wenn es nur um seine Ausreißer gegangen wäre! Aber nein, es trieben sich angeblich weitere Schwarzkittel herum, mindestens zwei Stück. Ein Landwirt behauptete, es handle sich um außergewöhnlich kräftige, wenn auch etwas zerzauste und von Brandspuren gezeichnete Exemplare, die unmöglich zur Rotte gehören konnten.

Ungeniert seien sie in seinen Wald eingedrungen, hätten sich im Fischteich vergnügt. Eine Schlammwüste hätten sie hinterlassen, alles zertrampelt …

Jetzt ging der Wirbel erst richtig los. Zeitungen begannen sich für den Fall zu interessieren. In einer erschien ein ganzseitiger Artikel unter dem Titel: „*Wildschweinplage: Jäger mit ihrem Latein am Ende.*“ Darin ging es zuerst um Allgemeines, und zwar um die Machtlosigkeit des Menschen gegenüber den Schwarzkitteln, die sich wie die Karnickel vermehrten und Millionenschäden in der Landwirtschaft anrichteten. Dann kam die Sprache auf die Geschehnisse in der Rebau. Nicht nur, dass eine ganze Rotte aus einem Gehege ausgebrochen sei – es seien auch fremde Sauen aufgetaucht, besonders gefräßige Exemplare, die wahrscheinlich vor den Waldbränden jenseits der Landesgrenze geflohen seien. Der Artikel endete mit einem dramatischen Aufruf, dem Treiben ein Ende zu bereiten, bevor sich das Schwarzwild weiter vermehrte.

Das Aufsehen, das dieser Bericht auslöste, war beträchtlich. Einerseits ärgerten sich die Freifurter, weil sie als unfähig hingestellt wurden, andererseits rieben sie sich schadenfroh die Hände, was den Wirt betraf. Recht geschieht ihm, sagten seine Neider. Was brauchte er auch noch ein Gehege! Er hat auch so immer ein volles Haus gehabt …

Vom Jagen, Schlachten und Verbraten

Mit dem vollen Haus war es jetzt natürlich vorbei. Seit kein Wildschweinbraten mehr auf der Speisekarte stand, schauten nur mehr wenige Leute im „Schwarzkittel" vorbei. Ein paar waren es aber doch, Radtouristen vor allem, die sich hier eine Rast gönnten. An einem sonnigen, ungewöhnlich warmen Herbsttag wurde es plötzlich wieder laut im Gastgarten. Eine Schar verschwitzter Kinder stritt sich um die Plätze im Schatten. Sie waren nach dem Besuch der nahegelegenen Ritterburg, wohin sie ein Schulausflug geführt hatte, hier eingekehrt. Die Wirtin hatte Mühe, ihre vielen Wünsche zu befriedigen. Kaum waren die Coca-Colas, Limonaden und diversen Säfte hinuntergestürzt, die Wurstsemmeln, Cremeschnitten und Eiskreationen verzehrt und die Kinder ein wenig zur Ruhe gekommen, ertönten in der eingetretenen Stille plötzlich mehrere Schüsse. Sie schienen ganz aus der Nähe zu kommen. Erschreckt zuckten die Kinder zusammen. Der Lehrer verlangte Aufklärung von der Wirtin. Immerhin trug er die Verantwortung für seine Schüler.

„Das war mein Mann mit seinen Leuten", antwortete diese mit gleichgültiger Stimme. „Die Sauen sind uns ausgekommen, jetzt müssen sie dran glauben. Aber ihr braucht euch nicht zu fürchten, die Hatz ist drüben im anderen Wald."

Mit einem Mal gab es in der Runde nur mehr ein Thema: das Jagen und das Töten. Für den Lehrer war es eine Gelegenheit für eine außerplanmäßige Unterrichtsstunde. Der Gegenstand hieß: So ist das Leben.

„Mir gefällt es auch nicht, dass diese interessanten Tiere einfach abgeschlachtet werden sollen. Das gilt nicht nur für die Wildschweine. Ich könnte mir zum Beispiel nicht vorstellen, auf einen

Rehbock oder sonst irgendein Wild zu zielen. Oder einem Huhn den Hals umzudrehen. Oder ein Schaf zum Metzger zu bringen, damit mir der das Töten abnimmt. Aber überlegt doch einmal, mit welchem Genuss ihr in eure Wurstsemmeln hineinbeißt. Und was bestellt ihr euch im Gasthaus am liebsten? Ein Schweinsschnitzel, nehme ich an, vielleicht auch ein Grillhühnchen. Die müssen also von irgendwo her kommen …“

Die Kinder saßen ganz still. So eine gespannte Aufmerksamkeit hatte der Lehrer selten erlebt. Ohne Pause fuhr er fort:

„Was für euch heute eine Selbstverständlichkeit ist, war für die Menschen früherer Zeiten ein Luxus. Fleisch gab es nur zu besonderen Anlässen. Das Jagen, Tierhalten und Töten war eine Frage des eigenen Überlebens. Mitleid konnten sich die Menschen nicht leisten. Heute dagegen ist Fleisch eine tägliche Kost. Niemand denkt mehr nach, wie viel Tierleid dahinter steckt, aber auch Arbeit. Da sind auf der einen Seite die Bauern mit ihrer Viehzucht und auf der anderen Seite die Schlachthäuser, wo kurzer Prozess mit den armen Tieren gemacht wird. Die Details wollen wir gar nicht wissen. Auch wie es mit dem Fischfang aussieht, wollen wir nicht wissen, was für ein qualvolles Sterben das eigentlich ist, wenn die zuckenden Leiber mit Netzen aus dem Meer geholt werden und im Container ersticken.“

„Ich mag sowieso keinen Fisch“, warf ein Junge ein. „Und Fleisch eigentlich auch nicht. Nur Pastasciutta. Wegen mir braucht kein Tier zu leiden.“

Eine hitzige Debatte entbrannte, ob man sich mit dem Verzehren eines Schweinsschnitzels denn tatsächlich schuldig mache; das ändere ja nichts an den Tatsachen – die Tiere wären ja ohnehin schon tot.

„Hoffentlich erwischen sie die Wildschweine nicht“, warf eines der Mädchen besorgt ein. „Ich hab sie einmal gesehen, wie sie noch im Gatter waren. Die waren sooo lieb!“

„Wildschweine und lieb!“, ertönte ein Aufschrei aus der Knabenecke. „Du spinnst wohl. Die stinken wie die Pest, bäh! Die taugen wirklich nur zum Braten am Spieß, wie das die Gallier nach ihrem Sieg über die Römer gemacht haben.“

Der Lehrer wurde neugierig. „Ihr kennt euch aber gut in der römischen Geschichte aus. Woher wisst ihr das?“

„Das kann man doch in jedem Asterixheft nachlesen“, belehrte ihn einer der Jungen.

Der Lehrer war froh über die Wendung des Gesprächs. „Ja, aber wisst ihr auch, wie gefährlich so eine Wildschweinjagd früher war?“ Seine Frage war nun an die ganze Runde gerichtet. „Nein? Na, dann denkt daran, was ich euch über Kuno, den Kühnen erzählt habe, oben auf der Burg. Wer weiß das noch?“

Aber niemand wusste es. Die Kinder waren in der Hauptsache damit beschäftigt gewesen, zwischen den Schießscharten im alten Gemäuer in die Tiefe zu spucken.

„Also noch einmal: Kuno, der Kühne war, wie schon sein Name sagt, ein kampferprobter Ritter, der alle seine Gegner in die Knie gezwungen hat. Von der Burg oben hat er das ganze Land zu beiden Seiten des Stromes beherrscht. Doch das Schicksal ereilte ihn auf einer Sauhatz. Er war mit seinen Hunden hinter einem Eber her, zu Pferd natürlich, wie das damals üblich war. Mit seiner Lanze hatte er ihm bereits eine tödliche Wunde zugefügt, doch der Eber entkam. Als ihn die Hunde endlich stellten, stürzte sich das Tier, kurz bevor es zusammenbrach, auf den Jäger und verletzte ihn so schwer, dass er auf der Stelle verblutete.“

Der Lehrer schwieg kurz und fügte dann nachdenklich hinzu: „Ja, das war noch ein ehrliches Kräftemessen damals zwischen Mensch und Tier …“ – Die letzten Worte waren eigentlich für die Wirtin gedacht gewesen, aber die war schon wieder in der Küche verschwunden.

Wilde Verfolgung

Aber kehren wir zu Eberhards Rotte zurück. Alle paar Meter wurde ein Mann mit seinem Hund postiert. Langsam und geräuschlos bewegte sich die Kette durch den Wald hangabwärts. Immer enger schloss sich der Ring. Eberhard und die seinen saßen in der Falle. Doch die Jäger wussten nicht, mit wem sie es zu tun hatten! Eberhard hatte das Gelände längst ausgekundschaftet. Schon mehrmals war er unten am Wasser gewesen. Eine seltsame Duftspur hatte ihn angelockt. Schniefend hatte er seinen Rüssel da und dort in den Uferkies gesteckt, auch mehrere kotige Häufchen hatte er entdeckt. Sie regten ihn gewaltig auf, sein gesamtes Innere geriet in Wallung. Sie rochen nach, ja, wenn er es nur wüsste! Es schien ihm, als führte der Duft aufs Wasser hinaus. Aber wie sollte er ihm folgen, wenn es ihm dort die Füße unter dem Leib wegriss? Und wie es rauschte, dieses tückische Nass! Nein, er ließ den Duft Duft bleiben und kehrte um.

Auf diesen Erkundungsgängen hatte er jedoch eine entscheidende Beobachtung gemacht. Schlau wie er war, hatte er festgestellt, dass die Menschen sehr wohl über das Wasser gelangten, ohne darin zu versinken. Sie ließen sich von einer kleinen Insel hinübertragen. Damit meinte er natürlich die Fähre, die, an einem Seil hängend, von einem Ufer zum anderen fuhr.

Daran erinnerte er sich nun, als er sich mit seinen Gefährten in die Enge getrieben sah. Von allen Seiten ertönte Hundegekläff. Schon lichtete sich vorne der Wald, bald würden sie ohne Deckung sein. Die verängstigte Rotte drängte sich dicht aneinander. Eberhard überlegte kurz, dann gab er ein scharfes „Wuff“ von sich. Was nichts anderes bedeutete, als *„Mir nach!“*

Eberhards Geniestreich

Von dem, was nun folgte, sollten die Leute noch lange reden. Die einen, die es gesehen hatten, schworen, dass es die reine Wahrheit sei. Die, die es nicht gesehen hatten, tippten sich kopfschüttelnd auf die Stirn und taten es als reines Hirngespinst ab. Wie auch immer. Unbestritten ist, dass dem Eberhard ein genialer Schachzug gelungen war.

Es war an einem späten Vormittag gewesen. Der Kapitän der kleinen Fähre hatte gerade den Schranken herunterziehen wollen, da waren plötzlich Schüsse aus dem nahen Auwald zu hören, gleich darauf löste sich ein schwarzer Knäuel aus dem Ufergebüsch, das sich als ein Dutzend gehetzter Schwarzkittel entpuppte. In wilder Hast stürmten sie auf die Auffahrtsrampe zu. Noch ehe der Kapitän einen klaren Gedanken fassen konnte, waren sie unter dem Schranken durch und auch schon an Deck.

Sie wuseln und drängeln, sie trappeln und zappeln, quetschen sich zwischen die Autos, in denen sich die entsetzten Passagiere verbarrikadieren. Gequietsche, Geschnüffel, Gestank. Eine einzige Wildschweinerei. Eines dieser Biester hat den Fährmann auch noch ins Bein gebissen, ehe der sich in sein Steuerhäuschen flüchten konnte.

Verzweifelt blickt er zum Ufer zurück. Dort fuchteln die Jäger wütend mit ihren Gewehren. Ihm aber bleibt nichts anderes übrig als sein Schiffchen samt der unruhigen Fracht der Strömung zu überlassen und das andere Ufer herbeizusehnen. Hier auf dem Wasser sind die Menschen ganz in der Gewalt der Tiere. Wie soll man das nennen? Einen Piratenakt? Einen Aufstand? Eine Revolution, würde ich sagen, wenn auch eine ohne Fahnen und trotzige

Parolen. Statt dessen gibt es unheilvolles Gegrunze. Die Botschaft lautet: *Jetzt sind wir die Herren! Dies ist unser Revier!*

Endlich ist das rettende Ufer erreicht. Kaum hat sich der Schranken gehoben, sind die borstigen Kerle auch schon davon, bergwärts in den Wald hinein, im gestreckten Galopp, Galopp, Schweinsgalopp, hopphopp, hopphopp. Zurück bleiben die schreckensbleichen Passagiere und ein mit dunklen Häufchen übersätes Schiffsdeck.

Die Begegnung

Im Laufe des Wildschweinjahres ist der Spätherbst eine besondere Zeit. Da zeigen die Bachen plötzlich Interesse an männlicher Gesellschaft. Sie locken die Keiler mit ihren geheimen Signalen und treffen Hochzeitsvorbereitungen.

Die Keiler lassen sich natürlich nicht lange bitten. Endlich ist ihre Nähe gefragt. Aufgeregt folgen sie den Duftködern, die ihre Herzensdamen überall ausgelegt haben und ruhen nicht eher, bis sie die richtige gefunden haben.

Auch Eberhard hatte eine Einladung erhalten. Aber zum ersten Mal in seinem Leben konnte er ihr nicht folgen. Er hatte andere Sorgen. Er hatte sich beim Sprung von der Fähre am Vorderlauf verletzt, war allen voran in den Wald gestürmt, nun humpelte er kläglich hinter ihnen her. In seiner ersten Euphorie hatte er es nicht bemerkt, aber jetzt zwangen ihn die Schmerzen, alle paar Schritte eine Pause zu machen. Immer wieder nahm er die Witterung seiner Rotte auf, doch es half nichts, er kam einfach nicht weiter.

Zum Schmerz gesellte sich die Schmach. Ein verletzter Keiler ist ein Nichts, ein Niemand unter seinesgleichen. Doch er gab nicht auf. Er rappelte sich hoch, wieder und wieder. Der Duftköder hielt ihn wach. So schleppte er sich durch den Wald, schnüffelnd, nach Fressbarem grabend, von aller Welt verlassen. Was wohl aus seiner Erika geworden war? fragte er sich manchmal. Andere Keiler nahmen jetzt wohl den Platz an ihrer Seite ein. Sie genossen die Freiheit, in die er sie geführt hatte.

Aber was war das? Irgendwas signalisierte ihm plötzlich Gefahr. Er verharrte. Lauschte. Hielt seinen Rüssel in den Wind. Nein, nach Menschen roch das nicht, eher nach, ach, wonach nur? Und jetzt knackste es auch noch im Unterholz. Mit gesträubten Borsten ging er in Abwehrstellung. Nun war das Geräusch ganz nahe, aber sehen konnte er noch immer nichts. Mit einem ungeschickten Hopser deutete er einen Rückzug an, dann stand er wieder still. Wie ihm das Herz klopfte!

Plötzlich teilte sich das Gebüsch, und da standen sie einander auch schon gegenüber, er und der Unbekannte, ein ziemlich mächtiger Kerl, der seine Hauer furchterregend wetzte. Es war niemand anderer als Jaromir.

Der aber hatte nicht die Absicht, Eberhard anzugreifen, er hatte schon bemerkt, dass der Hinkefuß kein Rivale war. Er beschnupperte ihn nur neugierig. Nachdem dieser seinen Schrecken überwunden hatte, fragte er: „Wer bist denn du?"

„Ich bin Jaromir, der König der verwunschenen Rauschewälder", antwortete der andere mit tiefer Stimme. „Aber was ist denn mit dir los? Du humpelst ja."

„Ich bin verletzt. Irgendwas ist mit meinem Bein los", antwortete Eberhard. „Das wird schon wieder", fügte er trotzig hinzu. „Aber sag mir, wenn du ein König bist, wo ist dann dein Volk?"

Jaromir scharrte mit dem Vorderlauf das Laub unter sich zusammen. „Keine Ahnung. In alle Winde zerstreut. Nur Jadwiga ist mir gefolgt." Er sah sich suchend um. „Wo ist sie denn? Jadwiga!", rief er. „Du kannst ruhig vortreten. Der Kerl ist harmlos."

Gleich darauf trat die Gerufene aus dem Gebüsch, eine stattliche Wildschweindame.

Eberhard war wie betäubt. Das war sie also, die Spenderin des Dufts, den er schon zuvor erschnüffelt hatte. So ein aufregendes

„Wer bist denn du?“
„Ich bin Jaromir, der König der verwunschenen Wälder.“

weibliches Wesen hatte er noch nie gesehen. Wenn nur dieser Jaromir nicht wäre … Augenblicklich kämpfte er seine männlichen Regungen nieder, machte einen Schritt zurück. Damit brachte er zum Ausdruck, dass er keine ernsten Absichten hatte.

„Da habt ihr aber eine weite Reise hinter euch", sagte er. „Ich habe von den Rauschewäldern gehört. Meine Vorfahren kommen von dort. Es muss ein Wildschweinparadies sein. Was ist denn passiert? Warum seid ihr fortgegangen?"

„Da war ein Feuer, wir mussten fliehen. Jetzt sind wir auf der Suche nach einem neuen Land. Sag, kennst du dich hier aus?"

„Nein, ich bin auch neu hier. Ich komme von drüben, vom anderen Ufer des stürmischen Wassers dort unten. Im Grunde haben wir das gleiche Schicksal. Auch ich war einmal so etwas wie ein König, nur ist es mir langweilig geworden in meinem Reich. Es war mir zu klein. Wir sind alle ausgebrochen, die ganze Rotte. Aber dann sind die Jäger mit ihren Hunden gekommen und haben uns am Wasser zusammengetrieben. Im letzten Moment sind wir auf das Schiff gesprungen, das die Menschen hinüberbringt. Beim Verlassen des Schiffs ist es dann passiert. Ich bin gestürzt, jetzt kann ich mit den anderen nicht mehr mithalten."

„Ja, wieso seid ihr denn nicht geschwommen? Was glaubst du, wie wir hinübergekommen sind? Das Schwimmen ist doch die natürlichste Wildschweinsache der Welt. Man läuft einfach im Wasser weiter, das ist alles."

Eberhard schwieg betroffen. Nach einer Weile aber regte sich der Trotz. „Dafür sind wir nicht nass geworden", entgegnete er.

„Na, weit habt ihrs gebracht, dass ihr euch vor dem Wasser fürchtet. Verzogen und verzärtelt haben euch die Menschen. Ich sag dir eins: Wenn du überleben willst, dann musst du dich auf deine Instinkte besinnen. Mit menschlichen Tricks kommst du nicht weit. Du siehst ja, wie es dir ergangen ist. Naja, wer nicht auf seine innere Stimme hört, den bestraft das Leben."

Eberhard senkte beschämt den Kopf, fast hätte man meinen können, er stand da wie ein begossener Pudel. Er war so stolz auf seinen Einfall gewesen. Jetzt musste er zugeben, dass Jaromir recht hatte.

Der hatte sich mittlerweile zum Gehen gewandt. Jadwiga folgte ihm nicht gleich, stattdessen trat sie schnüffelnd auf Eberhard zu, senkte ihren Kopf und leckte blitzschnell sein verletztes Bein – so schnell, dass er es erst mitbekam, als sie schon wieder verschwunden war. Nur eine betörende Duftwolke umhüllte ihn.

Winterfrieden

Früher Schnee war gefallen – lautlos, flaumig, unaufhörlich. Schnee, der die Erde mit weißen Laken bespannt. Schnee, der gnädig verhüllt. Schnee wie Silber, Schnee wie Watte. Schnee, Schnee, Schnee.

Im Wald ist alles Leben zum Stillstand gekommen. Nicht ganz. Etwas rührt sich zwischen den hohen, grauen Buchenstämmen. Ein Hirsch. Trägt eine schwere Last auf seinem Kopf, sein Geweih, ein stattliches horniges Geäst. Er geht nicht, er schwimmt im grundlosen Schnee. Zur Futterkrippe will er, nachschauen, ob der Förster was für ihn hineingetan hat.

Jetzt ist er weg und alles so wie zuvor. Die froststarren Bäume wie mit dem Pinsel auf eine weiße Leinwand gemalt. Nur ab und zu bläst ein Lufthauch feine Stäubchen von den Zweigen. Schnee, der fällt und fällt.

An einer Stelle aber, dort unter der Silbertanne, deren Äste knapp über dem Boden hängen und eine Art Zeltdach bilden, ist es richtig gemütlich. Hier hat jemand fest eingeheizt. In einer Dunstglocke aus Atemluft und Körperwärme liegen sie, unsere schon verloren geglaubten Rottenmitglieder, Erika und ihre Getreuen. Eberhard fehlt, dafür ist erstaunlicherweise Jadwiga mit dabei. Fremde Bachen haben in der Rotte ja normalerweise nichts zu suchen. In diesem Fall aber machte Erika, die hier den Ton angibt, eine Ausnahme.

Nicht, dass ihr dieses hergelaufene Weibsbild leid tat, im Gegenteil. Sie ärgerte sich, weil sie die Keiler nur noch verrückter machte, als sie ohnehin schon waren, besonders den Eberhard. Auf der einen Seite jammerte er über sein verletztes Bein, und auf der anderen wieselte er hinter der Jadwiga her, sobald sie wo auftauchte. Er behauptete allen Ernstes, dass sie eine Wunderheilerin sei. Nein, Erika ließ sich nichts vormachen. Jadwiga war eine ganz Durchtriebene. Doch als der Schneefall einsetzte und die bald einjährigen Frischlinge, die immer noch an den Zitzen der Bachen hingen, vor Kälte zu zittern begannen, gewannen die praktischen Überlegungen Oberhand. Jadwiga war als zusätzliche Wärmespenderin und Nährmutter sehr gut zu brauchen. Man sah ja gleich, was für Milchvorräte in der steckten, so groß und kräftig wie sie gebaut war.

Begraben und vergessen alle Streitereien, alle Freuden, alle Sorgen, alle Ängste. Die Wunden geleckt, die Verluste verschmerzt. Deren gab es wohl einige, seit die Rotte über den Fluss gesetzt war. Die Verfolgung war nämlich weitergegangen, nachdem der Wirt Verstärkung angefordert hatte.

Sauhatz

So also war das gewesen: Mit ihren schweren Geländewagen preschten die Jäger über die vom Regen aufgeweichten Forststraßen des Dusterwaldes. Es galt, so schnell wie möglich die Beobachtungsposten zu erreichen und die Leute mit den Hunden im Wald abzusetzen. Die Jagd zog sich über mehrere Tage hin. Das Territorium, in dem sich die Wildschweine aller Wahrscheinlichkeit nach aufhielten, war unübersichtlich, es war von tiefen Gräben zerrissen und von Felsformationen durchsetzt. Es musste also strategisch vorgegangen werden. Nichts sollte dem Zufall überlassen bleiben. Aus Erfahrung wusste man, dass das Schwarzwild auf seinen Streifzügen ganz bestimmte Routen bevorzugt. Die Jäger brauchten sich nur dort aufzustellen, wo die Tiere mit ziemlicher Sicherheit vorbeikommen würden. Mit Ferngläsern und schussbereiten Flinten bewaffnet und in ihren dunkelgrünen Röcken kaum von der Umgebung zu unterscheiden, legten sie sich auf die Lauer. Ihre Hunde waren so abgerichtet, dass sie sich mucksmäuschenstill verhielten. Die Wildschweine sollten nicht den geringsten Verdacht schöpfen.

Tatsächlich tauchte schon bald das erste auf. In der Dämmerung war es nur schemenhaft zu erkennen. Der Jäger, der es entdeckt hatte, griff nach dem Fernglas. Ja, jetzt sah er es genau – dieses Exemplar war eine leichte Beute. Humpelnd bewegte es sich vorwärts, bei jedem Schritt am Vorderlauf einknickend. Es war, unschwer zu erraten, Eberhard. Ahnungslos vor sich hinschnüffelnd, bahnte er sich seinen Weg durchs Gestrüpp. Im Kopf hatte er nur eins – die Duftspur seiner Angebeteten nicht zu verlieren. Dann und wann hielt er inne, um ein Blatt oder ein Grasbüschel näher zu untersuchen. In genau einem solchen Moment krachte ein Schuss, und eine Kugel pfiff knapp über seine Nackenborsten hinweg. Mit einem Mal war alles vergessen, Düfte, Schmerzen, Hungergefühle. Er verfiel in einen wilden Galopp. Heiseres Hundegekläff folgte ihm. Nach einiger Zeit war seine Flucht am Ende – vor ihm gähnte ein Abgrund. Tief unten rauschte ein Bach. Bevor er noch einen klaren Gedanken fassen konnte, vernahm er in seinem Rücken ein Stampfen und Knacksen. Er blickte sich um und sah zu seiner Erleichterung, dass es seine Rotte war, angeführt von Jaromir.

„Sie haben ein paar Frischlinge erwischt“, schnaubte dieser zornig. „Und mich beinahe auch. Nur mein Panzer hat mich gerettet, die Kugeln sind daran abgeprallt. Diese zweibeinigen Biester – der Bär soll sie holen! Wir müssen schleunigst weg von hier. Mir nach!“ Und er machte tatsächlich Anstalten, in den Abgrund zu klettern.

Eberhard ärgerte sich. Was bildete sich der Kerl ein? Wenn da wer was zu sagen hatte, dann war er es. Er ließ sich jedoch nichts anmerken und sagte mit ruhiger Stimme: „Wartet, nur keine überhasteten Entscheidungen! Lasst mich überlegen …“

Jaromir blies durch die Nase: „Ach du mit deinem komischen Menschenverstand! Bis du dir etwas überlegt hast, sind wir alle tot. Ich jedenfalls halte mich an meine innere Stimme, und die sagt mir, dass die Rettung da unten ist, dort beim wilden Wasser. Wir müssen zu ihm hinunter! Nur so können wir die Hunde abschütteln.“

Eberhard musste zugeben, dass er recht hatte. Es war der einzige Fluchtweg. Zähneknirschend schloss er sich dem Rivalen an, der bereits in der Tiefe verschwunden war. Die Rotte folgte ihm. Der Abstieg war wirklich nicht ohne. Alleine hätte sich Eberhard bestimmt nicht da hinuntergetraut. Schritt für Schritt tastete er sich über den felsigen Abhang dem tosenden Wasser entgegen. Schon war Jaromir darin eingetaucht. Eberhard zögerte. Die glitschigen Steine boten keinen Halt. Schaum spritzte ihm ins Gesicht, Fontänen schossen donnernd zu Tal. Er blickte sich um, überlegte, ob er sich nicht vielleicht am Ufer durchschlagen könnte. Hinter ihm stand die Rotte, die Frischlinge ängstlich an ihre Mütter gepresst, und wartete auf sein Kommando. Nein, er durfte jetzt nicht den Schwanz einziehen, er musste da durch. Er biss die Zähne zusammen, schloss die Augen und sprang.

Hinterher, als er wieder festen Boden unter den Füßen spürte, stellte er fest, dass es gar nicht so schlimm gewesen war. Und alle hatten das Abenteuer überlebt. Aber noch waren sie nicht gerettet, denn die Verfolger hatten sich nicht abschütteln lassen. Nachdem sie die Tiere aus den Augen verloren hatten, waren die Jäger zu ihren Fahrzeugen zurückgekehrt. Per Funk verständigten sie ihre Kollegen, die weiter unten Wache standen, um das Gelände zu durchkämmen. Allerdings war zu diesem Zeitpunkt bereits die Dämmerung hereingebrochen.

Also beschlossen die Männer, die Jagd am nächsten Tag fortzusetzen. Sie waren fest davon überzeugt, dass die Tiere ohnehin keine Chance hätten. Sie würden im Laubwald am Unterlauf des Wildbaches Deckung suchen. Dort konnte man sie dann bequem vom Hochstand aus abknallen. Das Schicksal der Wildschweine schien besiegelt.

Doch der liebe Gott war ihnen gnädig. Er zog in der Nacht regenschwere Wolken über dem Land zusammen und ließ es im Sturm erbeben. Gegen Morgen hin hatten sich Wege und Forststraßen in schlammige Rutschbahnen verwandelt. Die Bäume bogen sich gefährlich. Da gab es kein Durchkommen, nicht einmal mit den Traktoren, die sich die Jäger bei den Bauern ausborgten. Auch an

Fußmärsche war nicht zu denken. Das Unternehmen musste wetterbedingt verschoben werden. Ein Tag um den anderen verging, ohne dass sich etwas änderte. Es stürmte und regnete bis in den November hinein. Dann setzte Schneefall ein. Damit war vorerst einmal Schluss mit der Hatz.

Wölfe und Bären

Da lagen sie nun, Alt und Jung, eng aneinandergepresst, und verschliefen und verwarteten die kalte Zeit. Nur ab und zu erhob sich der eine oder andere, um sich die Beine zu vertreten. Die Futtersuche hatten sie aufgegeben. Sie zehrten von den Fettreserven, die sie sich den Sommer über zugelegt hatten und träumten von den lustigen Tagen im vergangenen Herbst.

Die Hochzeit war ein tolles Fest gewesen, nicht zuletzt deswegen, weil sich die Herren der Schöpfung, gemeint sind damit natürlich die Keiler, erbitterte Kämpfe geliefert hatten, sehr zum Spaß der umworbenen Damen. Auch Jaromir hatte kräftig mitgemischt und seinen Rivalen Eberhard in die Schranken gewiesen. Der hatte ihm dafür die Jadwiga ausgespannt, was ihm nicht sonderlich schwergefallen war, denn die hatte ihm ja schon früher Avancen gemacht. Nachdem die Verhältnisse geklärt waren, war jeder wieder seiner Wege gegangen.

Erika seufzt im Schlaf. Ach, Jaromir … Was wohl aus ihm geworden ist?, denkt sie, während sie im Bauch ein leises Kribbeln spürt. Soeben hat sich darin das neue Leben gemeldet.

Während die Wildschweine ziemlich gelassen blieben, haderten die Menschen im Stromland mit ihrem Schicksal. Schnee und Kälte machten ihnen zu schaffen. Wenn das so weitergeht, klagten sie, wird das Heizmaterial bald knapp werden. Sie fühlten sich von der Welt abgeschnitten. Die Straßen waren rutschig, Autofahrten ein Wagnis, Stürze und Erfrierungen an der Tagesordnung. Davon abgesehen, waren sie es nicht mehr gewohnt, die Schneeschaufel zu schwingen, wenn sie aus dem Haus kommen wollten. „Hört denn dieser Winter nie auf?“, stöhnten sie. Nur die Kinder jubel-

Eberhard hatte Jaromir die Jadwiga ausgespannt, was ihm nicht sonderlich schwergefallen war, denn die hatte ihm ja schon früher Avancen gemacht.

ten, wenn der Schulbus nicht daherkam und somit der Unterricht ausfiel.

Gegen den März hin zeichnete sich allmählich ein Ende ab. Die Tage wurden länger, der Frost schwächte sich ab, und immer öfter wich das Nebelgrau, das nicht nur die Sicht, sondern auch die Stimmung getrübt hatte, einem wolkenlosen Blau. Das Herz wurde weit. Die Sonne strahlte, der Schnee duftete, die Ferne lockte. Aber noch war der Bann nicht gebrochen. Noch musste alles Lebendige im Verborgenen wirken, still und unauffällig. Geduld war angesagt. Wälder und Felder gefangen in weißer Pracht, so wie auch alles sprudelnde und schäumende Wasser. Unter einem Panzer aus Eis schob es sich dahin.

Unseren wilden Schweinen wäre es in diesem Winter ein Leichtes gewesen, über den Großen Grauen Strom zu setzen. Aber die hatten sich ja, wie wir wissen, längst am anderen Ufer in Sicherheit gebracht. Dafür nützten andere Waldbewohner diese Gelegenheit, was an verschiedenen Spuren abzulesen war. Hier war ein Rudel Rehe drüber hinweggehuscht, dort Familie Fuchs. Und immer wieder das wilde Zickzack von Hasenläufen. Gnadenlos gab der frisch gefallene Schnee ihre Geheimnisse preis.

Ja, was ist denn das? Der Oberförster vom Dusterwald traute seinen Augen nicht. Er war mit seinem Hund zur Wildfütterung unterwegs gewesen und hatte ungewöhnlich große Abdrücke entdeckt. Neugierig bückte er sich, um sie näher zu untersuchen. Gleich darauf durchlief es ihn heiß. Das darf doch nicht wahr sein, dachte er. Neulich Wölfe, und jetzt auch noch Bären!

Tatsächlich waren vor kurzem Braunbären gesichtet worden. Ein Holzfäller hatte zwei dieser Tiere mit einem Holzprügel in die Flucht geschlagen. Niemand konnte sich an derartige Vorfälle erinnern. Daneben gab es Gerüchte über alle möglichen Fabeltiere, die vom Schauerling heruntergekommen seien.

Die Leute in der Rebau regten sich gehörig auf. „Das kommt davon, dass sie die Grenzanlagen niedergerissen haben!“, schimpften sie. „Früher waren wir unseres Lebens sicher. Aber jetzt …“

Nur der Wirt vom „Schwarzkittel“ freute sich. Vergessen war der Ärger um seine entkommenen Tiere. Sein Interesse galt jetzt nur noch den Fremden, den einträglichen Touristen. Und die wurden tatsächlich täglich mehr.

Geteilte Welt

Ein Körnchen Wahrheit steckte allerdings in diesen Gerüchten. Es war nämlich so, dass der oben genannte Schauerling einst knapp hinter einer unüberwindlichen Grenze lag, die quer durch unseren Kontinent ging. Die Mächtigen dieser Welt hatten sie nach einem furchtbaren Krieg gezogen, weil sie glaubten, damit einen noch furchtbareren Krieg zu verhindern. Ein Irrtum, wie sich herausstellen sollte. Die Stacheldrähte, Minenfelder und schussbereiten Wachesoldaten dienten nur als Anlass für weitere Feindseligkeiten. Jede Seite beschuldigte die andere der Kriegsvorbereitungen. Schon klirrten wieder die Waffen, schon wurden wieder Raketen in Stellung gebracht, doch im letzten Moment besannen sich die hohen Herren der Politik. Sie setzten sich an einen Tisch und kamen nach langen Verhandlungen überein, den geteilten Kontinent wieder zu einem ganzen zu machen. Mauern, Stacheldrahtverhaue und Schlagbäume wurden niedergerissen. Jubelnd fielen sich die Menschen von diesseits und jenseits in die Arme.

Womit aber niemand gerechnet hatte, das war die Einwanderung von Raubtieren. Die konnte auf keinen Fall geduldet werden, und schon gar nicht in der Rebau. Dort fürchtete man nämlich das Ausbleiben der Touristen, wenn sich das herumspräche.

Die Jäger versuchten die Bedenken der Bevölkerung zu zerstreuen: „Es handelt sich bloß um vereinzelte Tiere. Wenn man sie nicht reizt, tun sie nichts. Auf jeden Fall sind sie lange nicht so schädlich wie die Wildschweine. Im Gegenteil, sie sind sogar sehr nützlich, denn sie helfen uns, mit denen fertig zu werden. Es sind ja ihre natürlichen Feinde. Ihr werdet sehen, in kürzester Zeit wird es weit und breit keinen Schwarzkittel mehr geben.“

Mit anderen Worten, unseren borstigen Freunden drohte neue Gefahr. Noch ahnten sie nichts. Sie fühlten sich geborgen in ihrem Unterschlupf. Während sich die Frischlinge um die Zitzen ihrer Nährmütter balgten, waren diese schon wieder guter Hoffnung. Bald würden die Kleinen Konkurrenz von neuen Brüdern und Schwestern bekommen und sich um andere Nahrungsquellen umschauen müssen.

Jadwiga, die ihre eigenen Kinder auf der Flucht vor dem Feuer verloren hatte, war eine überaus fürsorgliche Amme. Sie putzte und säugte und liebkoste die Frischlinge der Rotte ohne Unterlass. Ihre nahrhafte Milch war heiß begehrt. Doch auch sie verspürte mittlerweile das bewusste Rumoren im Bauch. Mehr und mehr horchte sie in sich hinein. Das Stoßen und Boxen nahm täglich an Heftigkeit zu. Immer öfter verließ sie nun den Unterschlupf, um sich Luft zu verschaffen. Dabei prüfte sie das Wetter und begann Überlegungen anzustellen, wo sie am besten das Nest anlegte, in dem sie ihre Jungen zur Welt bringen würde. Eine innere Stimme sagte ihr, dass es bald so weit sein würde.

Neue Gefahr

Der Frühling war nicht mehr aufzuhalten. Hier und dort war der Schnee schon geschmolzen. Bächlein murmelten. Es roch nach Harz und sonnenwarmer Erde, nach leckeren Krabbeltieren und lang entbehrten Vitaminen. Die Bewegung tat Jadwiga gut. Tief atmete sie die tausendfachen Gerüche des Waldes ein. Was trug ihr der Wind nicht alles zu! Etwas jedoch war darunter, das sie stutzig machte, ein kaum wahrnehmbares, unangenehmes Etwas. Eine vage Erinnerung stieg auf, legte sich wie eine Klammer auf ihr Mutterherz. Genau dieses Etwas hatte sie in ihrer fernen Heimat zur Vorsicht gemahnt.

Unverzüglich teilte sie ihre Wahrnehmung den anderen Bachen mit: „Seid auf der Hut, draußen sind Räuber unterwegs. Passt vor allem auf die Kleinen auf, wenn ihr ausschwärmt. Am besten, sie bleiben überhaupt zuhause!"

Wenn das Aufpassen nur so einfach gewesen wäre! Es ist wohl leichter einen Sack Flöhe zu hüten, als Frischlinge zur Vernunft zu bringen. Ständig waren sie hinter ihren Müttern her. Auch Jadwiga war stets von ihnen umringt, obwohl es nicht ihre eigenen waren. Oft musste sie regelrechte Hiebe austeilen, um sie zur Umkehr zu bewegen. „Wer nicht hören will, muss fühlen", fauchte sie. Mit eingezogenen Schweifchen kehrten die Frischlinge dann meist wieder in ihr Versteck zurück.

Langsam wurde es ernst mit dem Nestbau. Ein trockenes Plätzchen war schon gefunden, jetzt galt es, das Material zu beschaffen. Eifrig scharrte sie Reisig, Rinde und vorjähriges Laub zusammen, legte Schicht auf Schicht, die Löcher verstopfte sie mit Moos und Flechten. Bald wurde eine Art Kessel daraus. Wenn nur die kleinen Frechlinge nicht gewesen wären! Immer wieder gerieten sie ihr zwischen die Beine. Sie beschloss Eberhard zu rufen, immerhin war er verantwortlich für die Rotte. Den ganzen Winter über hatte er sich nicht blicken lassen. Wo steckte er überhaupt?

Sie musste nicht lange rufen. Er hatte sich ohnehin in der Nähe herumgetrieben, hatte Jadwiga beobachtet, sich aber nicht an sie herangewagt. Was weiß man denn, wie man dran ist bei diesen launischen Weiberleuten?, hatte er sich gedacht. Sie erschien ihm schöner und begehrenswerter denn je. Verzückt sah er zu, wie sie an ihrem Bau werkte. Die ehemals so niedlichen Kleinen erkannte er kaum wieder. Richtige Rowdys waren sie geworden. Zögernd kam er näher und grüßte Jadwiga mit einem artigen Kratzfuß.

„Eberhard, da bist du ja!", rief Jadwiga erfreut. „Du kommst gerade recht. Es gibt Probleme."

Das Wort Probleme gefiel ihm nicht. Deren hatte er selbst genug. „Was machst du da?", fragte er.

„Ich bereite mein Wochenbett vor. Bald werde ich darin Junge bekommen. Das Problem ist, dass fremde Tiere aufgetaucht sind, die es auf uns abgesehen haben könnten – besonders auf die Kleinen. Ich habe ihnen schon x-mal gesagt, dass sie zuhause bleiben müssen. Die aber wollen das nicht kapieren und gehorchen einfach nicht. Könntest du da nicht ein Machtwort sprechen?"

Genau darauf hatte Eberhard gewartet. Endlich durfte er eingreifen. Er senkte drohend den Kopf und ließ seinen tiefen Baß ertönen: „Na, was ist? Seid ihr vielleicht taub? Na, wartet, gleich werde ich euch Beine machen!"

Verdattert sprangen die Frischlinge zur Seite. Solche Töne hatten sie zuvor noch nie vernommen. Eine Weile standen sie ratlos da, dann traten sie eingeschüchtert den Rückzug an. Sobald sie verschwunden waren, machte Eberhard Anstalten, Jadwiga bei der Arbeit zu helfen. Er kratzte mit den Hufen ein paar Blättchen zusammen und schob sie zu Jadwiga hin. Die aber hatte bereits andere Sorgen. „Bemüh dich nicht“, wandte sie ein, „ich glaub’, es geht schon los.“

Mit diesen Worten schlüpfte sie ins Nest. Eine Weile wetzte sie darin herum, wobei sie sich mit dem losen Zeug, das sie oben angehäuft hatte, bewarf, bis nichts mehr von ihr zu sehen war. Eberhard wollte ihr folgen, doch sie fuhr ihn scharf an: „Das hier ist nichts für Männer. Pass lieber auf die Kleinen auf. Begleite sie nach Hause, damit ihnen nichts geschieht!“

Dann hielt sie auf einmal still, nur ein leises Stöhnen drang an sein Ohr. Nein, er konnte sie nicht alleine lassen. Unruhig umkreiste er das Nest. Es war mittlerweile Nacht geworden. Ab und zu hielt er inne, um zu lauschen. Jetzt erst fiel ihm auf, mit wie vielen Stimmen der Wald zu ihm sprach. Ein Bächlein plätscherte, Äste knarrten, irgendwas pfiff, scharfe Düfte stiegen ihm in die Nase, und in den hohen Baumkronen sang der Wind. Mit allen Sinnen nahm er es wahr. Lauerte, lauschte, wunderte sich. Und hörte trotzdem nichts. Hörte nichts, witterte nichts. Hing seinen Gedanken nach.

Der Winter war hart gewesen. Wie oft hatte er sich nach seinem sorglosen Leben hinter dem Zaun gesehnt, nach dem stets gefüllten Futtertrog, dem Unterstand, ja sogar nach den Menschen, auch wenn sie ihm manchmal unheimlich waren. Aber dann, als der Frühling mit all seinen Wonnen gekommen war, begann er die Freiheit zu genießen. Er allein bestimmte seine Wege, konnte sein Jagdfieber befriedigen, bediente sich nach Lust und Laune am Gabentisch der Natur. Mit anderen Worten, er war sein eigener Herr, einer, der sich nur noch den Wünschen einer edlen Bache unterordnete.

Wenn er es doch getan hätte! Er war so in seine Gedanken versunken, dass er ganz auf den Auftrag vergaß. Hatte es nicht geheißen, er solle die Frischlinge nach Hause bringen? Wo waren sie überhaupt? Er sah sich um – fort waren sie.

Ach was, dachte er. Die sind groß genug, die müssen ohnehin lernen, auf sich selbst aufzupassen. Wenn jemand seiner Hilfe bedurfte, dann war es Jadwiga. Was trieb sie nur so lang in ihrem komischen Bau?

Er schnüffelt an den Ästen. „Jadwiga!“, rief er. „Bist du noch da?“

Keine Antwort. Nur ihr Wetzen, ihr gepresster Atem. Dann ein zaghaftes Fiepen. Gleich darauf ein zweites, ein drittes, ein viertes, wie viele noch. Als schließlich Jadwigas befreites Grunzen ertönte, ließ seine Spannung nach. Ein wohliges Gefühl überkam ihn, eine tiefe Zufriedenheit. Es war der Stolz eines Keilers, der seine Rotte erfolgreich vermehrt hat.

Er konnte es gar nicht erwarten, den Nachwuchs zu Gesicht zu bekommen.

„Lass sie mich anschauen!“, bat er Jadwiga.

„Du kannst hier nicht herein“, rief sie ihm zu. „Hier ist es viel zu eng. Du würdest die Kleinen erdrücken. Du musst warten, bis sie laufen können, dann führe ich sie dir vor.“

„Dann sag mir wenigstens, wie viele es sind?“, fragte Eberhard ungeduldig.

„Ja, wenn ich das wüsste. Ich kann leider nicht zählen. Ich weiß nur, dass es mehr sind als eins. Sehr viele mehr. Kümmere dich lieber um die schutzlosen Jungtiere der Rotte. Sie haben jetzt niemanden, der auf sie aufpasst und müssen erst lernen, sich ihr Futter selbst zu suchen. Sag ihnen, dass ich zurückkomme, sobald meine kleinen Würmchen gehen können. Dann werden wir alle zusammen eine große Familie sein.“

Nein, er konnte sie nicht alleine lassen.
Unruhig umkreiste er das Nest.

Eberhard war plötzlich so müde, dass er beschloss, sich ein wenig auszuruhen. Nach der durchwachten Nacht hatte er sich ein kleines Nickerchen wohl verdient. Er ließ sich auf die Seite fallen und sank gleich darauf in einen tiefen, traumlosen Schlaf.

Es ging schon auf den Morgen zu, das erste Licht fiel durchs kahle Geäst der Bäume, da verspürte er einen heißen Atem in seinem Gesicht. Sofort war er auf den Beinen. Vor ihm stand Jaromir. Zwei zitternde Frischlinge drängten sich an ihn.

„Du bist mir einer!“, sagte Jaromir verächtlich. Schläfst den Schlaf des Gerechten, während deine Rotte vor die Wölfe geht!“

Eberhard verstand nicht gleich. Was sollte das denn bedeuten *„vor die Wölfe geht“*? Als er aber die beiden verängstigten Frischlinge erblickte, stieg ein Verdacht in ihm auf.

„Wäre ich nicht gewesen, stündest du nun allein da“, fuhr sein einstiger Rivale fort. „Ich kam gerade zurecht, als diese Biester Jagd auf die deinen machten. Eine Bache und ein paar von den Kleinen haben sie erwischt, bevor ich dreinfuhr und sie vertrieb.“

Eberhard wusste nicht, was er antworten sollte. Er schämte sich und fühlte sich wie ein Versager. „Ich musste Jadwiga beim Kinderkriegen helfen“, stotterte er schließlich verlegen. „Ich konnte doch nicht wissen …“

„Das ist doch lächerlich! Die Bachen kommen bestens alleine zurecht. Da sieht man es wieder: keine Ahnung von den primitivsten Dingen! Kein Instinkt, keine Alarmglocken, keine Überlebensstrategie! Das kommt vom verwöhnten Leben in der Gefangenschaft.“

Eberhard versuchte sich zu rechtfertigen. „Aber ich kann doch nichts dafür. Ich wäre auch lieber so wie du aufgewachsen, hätte mich nach den Gesetzen der Natur gerichtet und gelernt, Gefahren rechtzeitig zu erkennen. Aber vielleicht ist es noch nicht zu spät? Vielleicht kann ich es von dir lernen? Ich werde gerne dein Schüler sein." Er sah Jaromir fragend an.

Der ließ plötzlich ein Knirschen seiner Waffen, wie die Hauer der Wildschweine bezeichnet werden, vernehmen, dass Eberhard erschrocken einen Schritt zurückwich, dann erhob er seine mächtige Stimme: „Wie stellst du dir das vor? Du willst mein Schüler sein? Ha, ha, ha … Der einzige Rat, den ich dir geben kann: Zieh fort von hier! Zwei Keiler können sich kein Revier teilen. Das geht nicht gut. Du musst eine neue Rotte mit Jadwiga und ihren Jungen gründen. Am besten, du gehst dorthin, wo ich hergekommen bin, ins Land aller unserer Vorfahren. Jadwiga wird dich führen – und die Natur wird deine Lehrmeisterin sein …"

Abschied der Keiler

So kam es, dass ihre Wege sich wieder trennten. Als Jadwigas Brut alt genug war, die lange Reise anzutreten, war der Sommer gekommen. Und wieder stand Eberhard überlegend vor dem großen grauen Wasser, doch diesmal fasste er sich ein Herz und verzichtete auf ein Schiff, das ihn ans andere Ufer bringen würde. Er nahm sich ein Beispiel an Jadwiga und den Jungen. Die wussten genau, dass ihnen an der Seite ihrer Mutter nichts geschehen konnte. Eins nach dem anderen tauchten sie in den Fluss, ohne darauf zu achten, dass der Boden unter ihren Beinchen wegblieb und die Strömung sie forttrug. Sie marschierten einfach im Wasser dahin, rechter Lauf, linker Lauf, ja, es störte sie nicht einmal, wenn die Wellen über ihnen zusammenschlugen, sodass oftmals nur der Rüssel und die Rückenborsten herausschauten.

Eine Art von Glücksgefühl überkam Eberhard, wie er so hinter ihnen herschwamm. Er fühlte sich eins mit dem Element und seinen Bewohnern, den Fischen, Krebsen und Tauchenten, wer weiß, vielleicht sogar mit den Geistern der Natur, die heute in der Gestalt von Nixen und Wassermännern nur mehr den Kindern begegnen. Er fühlte sich getragen von der ewigen Melodie des Großen Grauen Stromes.

Und wenn er dann prustend an Land stieg und hinter seinen Schutzbefohlenen die Uferböschung erkletterte, dann war es ein ferner Lockruf, der ihn nicht zur Ruhe kommen ließ. Weiter zog er, weiter, vorbei an seinem einstigen Gehege, hinein ins Dunkeldämmerlicht der Wälder jenes sagenhaften Landes, welches von den Kräften uralter Zeiten durchströmt ist. Er würde sie wiedererkennen, die geheimnisvollen Schluchten, Sümpfe und Wasser-

Eine Art von Glücksgefühl überkam Eberhard, wie er so hinter ihnen herschwamm. Er fühlte sich eins mit dem Element und seinen Bewohnern.

läufe, auch wenn er sie nie gesehen hätte. Und damit würde er auch seine Ängste und Bedenken ablegen. Er würde neue Erfahrungen sammeln, Revierkämpfe austragen, wird sich an der wachsenden Zahl seiner Nachkommen erfreuen.

Halt, noch ist die Geschichte nicht zu Ende. Es gilt ja noch von Jaromir zu berichten. Auch den hatte die alte Wanderlust gepackt. Das viele trockene Nadelgehölz im Dusterwald behagte ihm nicht. Er sehnte sich nach duftendem, sonnendurchflutetem Birkengebüsch, das Moore überwuchert und herrliche Schlammlöcher bereithält, wo man nach Lust und Laune den Boden aufbrechen kann, ohne dass gleich ein Schuss knallt. Wohin sollte er sich denn wenden? Wenn er an das schreckliche Feuer dachte, dem er entflohen war, dann gab es kein Zurück mehr. Es gab nur ein Vorwärts. Weiter also auf dem Weg, den er eingeschlagen hatte, immer der Nase nach, die ihm das Ziel vorgab. Es lag dort, wo soeben die Sonne unterging.

Auf Vergangenheitswegen in die Zukunft

Erika war außer sich, als sie erfuhr, was er vorhatte. Der Kerl wollte sie allein lassen, nach all dem, was geschehen war? Kein Eberhard da, sie zu beschützen. Was sollte aus der Rotte werden? Diese Machos, die sich um die Führerrolle stritten, waren in ihren Augen allesamt Hasenfüße, die zogen doch schon beim leisesten Geräusch den Schwanz ein. Eilig trommelte sie die Bachen und alle Frischlinge zusammen, um Jaromir ein Ultimatum zu stellen. Erika trat vor.

„Du willst uns allein lassen?", fragte sie mit fester Stimme. „Gut, dann geh. Aber bedenke, du kannst es vielleicht mit wilden Tieren aufnehmen, aber nicht mit den Gefahren, die vom Menschen ausgehen. Du hast keine Erfahrung mit ihnen. Wir aber kennen ihre Schliche. Es ist also besser, wenn wir zusammenbleiben. Nimm uns mit!"

Jaromir musste ihr recht geben. So kam es, dass er zum Anführer von Eberhards Rotte wurde. Wohin die Reise gehen sollte, werden wir nie erfahren. Im Dunst der Ferne werden sie sich verlieren, immerzu ihrer Nase nach, die ihnen das Ziel vorgibt, und doch einer uralten Route folgend

Wie es ihnen gelingen soll, die Ebene südlich des Großen Grauen Stromes zu durchqueren, die von lärmenden, gefahrvollen Betonschneisen durchzogen und von feindselig gesinnten Menschen besiedelt ist, wird ebenso ihr Geheimnis bleiben, wie jenes ihrer Wanderschaft.

Eines ist uns gewiss: Diese Tiere werden nicht aufgeben, egal, was ihnen auch zustößt. Sie werden von Jägern gehetzt, von Bauern, Winzern und Gartenbesitzern vertrieben werden. Sie werden in

Vorstädte eindringen, auf Autostraßen herumirren, sie werden verfolgt werden, eingesperrt werden und in Bratpfannen landen. Und dennoch: Sie werden immer wieder Lebensräume finden, um als Tiervolk weiter zu bestehen.

Nachwort in Form eines Sauschwänzels

Es ist schon merkwürdig. Da denkt man sich irgendwelche Geschichten aus, und dann stellt man eines Tages fest, dass sie ihre Fortsetzung im richtigen Leben finden. So war das auch im vorliegenden Fall.

Kaum war die Geschichte fertig, da blinzelte uns aus dem Fernsehen ein leibhaftiger Schwarzkittel entgegen. Er galt, dem Bericht zufolge, als Kuriosität, denn es handelte sich um ein gezähmtes Wildschwein. Das aus irgendeinem Grund von der Rotte verstoßene Tier war von einem Landwirt als hilfloser Frischling im Wald gefunden und aufgezogen worden, und zwar just in einer Gegend, in der unsere Geschichte spielt.

Mittlerweile hatte sich das kleine Kerlchen zu einem stattlichen Keiler entwickelt, wohlgenährt und, ja, so kann man es sagen, gut erzogen. Er folgte seinem Herrn aufs Wort. Willig ließ er so ziemlich alles mit sich geschehen, ließ sich von ihm kraulen und striegeln, und wenn er seinen Pferch verlassen durfte, dann trottete er brav hinter ihm her. Zweimal täglich wurde er zu einer Suhle im Wald geführt, ohne dass es Probleme gegeben hätte. Höchstens, dass ein Wanderer bei seinem Anblick vor Schreck erstarrte. Maxi war sein Name. Das müssen wir uns anschauen!, beschlossen wir.

Doch der Maxi machte uns die Sache nicht leicht, er ließ sich erst nach einer Irrfahrt zu einer Audienz herab. Allein diese hätte Stoff für eine neue Geschichte geliefert! Eine Straßensperre zwang uns zu einem Umweg, auf dem wir die Orientierung verloren. Die Straßen wurden zu Feldwegen, die Feldwege zu Sackgassen. Hasen hüpften vor uns her. Gestrüpp verschlang uns. Wir dachten schon ans Umkehren, doch nach Überwindung eines letzten Grabens waren wir endlich da.

Maxis Residenz war, wie sich schließlich herausstellte, noch bemerkenswerter, als er selbst, nämlich der respektable Meierhof eines Schlosses, das erst vor wenigen Jahren abgerissen worden war. Kunstexperten würden sagen, es handle sich um ein architektonisches Juwel. Als Maxi noch klein und pflegeleicht gewesen war, hatte er sich im Innenhof frei bewegen dürfen. Nun, wo er mit Ende seines ersten Lebensjahres ins Flegelalter gekommen war, ging das nicht mehr, weil er mit ziemlicher Sicherheit den gepflegten Rasen umgehend in einen Sturzacker verwandeln würde. Das Gehege hinter dem Haus bot ihm allerdings Auslauf genug.

Da war er nun, der Maxi, ein ansehnlicher Brocken von fast hundert Kilo. Zum Zeichen der Freude über unseren Besuch warf er sich krachend gegen die Absperrung, dass wir erschrocken zurückwichen. Dann steckte er artig seinen Rüssel zwischen den Stäben hindurch, was soviel bedeutete wie: Na, habt ihr mir was mitgebracht? Nachdem er die gereichten Karotten als zu minderwertig ausgespuckt hatte, wandte er sich ab, um in einer abgelegenen Ecke seine Notdurft zu verrichten. Nein, er machte nicht den Eindruck einer gedemütigten Kreatur. Er fühlte sich ganz offensichtlich wohl in menschlicher Gesellschaft.

Und dennoch wird er sich manchmal wie unser Eberhard fragen, was denn das für ein Leben ist, so eingeschränkt und abgeschnitten von den Freuden der Welt draußen. Besonders in der Rauschzeit, wenn ihn ein unbändiges Verlangen erfasst. Er wird aufbegehren, wird brüllend gegen die Absperrung schlagen, sich aber danach wieder beruhigen. Er weiß, sein Herrchen schaut auf ihn. Er ist sein Stolz. Und nicht nur das. Er ist sein Glücksschwein.

Es ist nämlich so, dass seit Neuestem nicht nur Tierfreunde den Weg zu ihm finden, sondern auch kulturbeflissene Touristen, die sich für das verschwundene Schloss interessieren, von dessen Existenz nur mehr ein Nebengebäude von verblichener Pracht zeugt. Aber das ist eine ganz andere Geschichte.

Inhaltsverzeichnis

<u>Technik der Illustrationen:</u>
Collagen aus handgeschöpftem Papier mit eingearbeiteten Naturmaterialien und Faserstiftzeichnungen.

Marion JERSCHOWA
geb. 1943 in Wien.
Slawistin und Übersetzerin, lebte über zehn Jahre in Moskau.
Schreibt Romane, Erzählungen und Lyrik.
Zu ihren wichtigsten Werken zählen „Honigland Bitterland“, „Luftschlösser und Eispaläste“ und „Du musst verstehen“.
1994 erhielt sie den Kulturpreis der Stadt Linz.

Peter KRAFT
geb. 1935 in Wien.
Dr. phil., Journalist, Herausgeber und freier Autor. Lebt in Linz.
Veröffentlichungen: Mehrere Monographien über zeitgenössische Künstler wie Helmuth Gsöllpointer, Ludwig Schwarzer, Anton Watzl u. a.
Veröffentlichungen im literarischen Bereich:
„Schnee, der nicht zergeht – Winterliche Aufzeichnungen“,
„Medusenschild“, New York – Ochrid;
„Neue und alte Welt“, Lyrik; im Verlag Bibliothek der Provinz;
„Carnuntum wiederum“, Archäologischer Essay mit Fotoserie von Christian Herzenberger; im Verlag Easy-Media, Linz.

Sigrid HUEMER
geb. 1950 in Stadt Haag, NÖ.
Studium der freien Grafik bei Alfons Ortner, Kunstschule Linz.
Bildnerische Erziehung, Textiles Gestalten, Kunsthochschule Linz.
36 Jahre Unterrichtende an der AHS Landwiedstraße in Linz.
Seit 2020 wieder freischaffende Künstlerin.